MON
POISSON

— Mike Wickham —

ÉDITIONS
MICHEL
QUINTIN

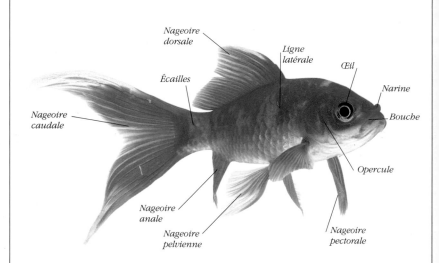

Nageoire dorsale

Ligne latérale

Œil

Narine

Écailles

Bouche

Nageoire caudale

Narine

Nageoire anale

Opercule

Nageoire pelvienne

Nageoire pectorale

PRENDRE SOIN DE SES POISSONS

Sur une échelle de 1 à 5 :	1	2	3	4	5
Le temps à leur consacrer	✓				
Exercice à leur faire faire	✓				
Jeu	✓				
Espace dont ils ont besoin	✓				
Soin à leur apporter	✓				
Nourriture à leur donner		✓			
Entretien de l'aquarium			✓		
Leur espérance de vie	✓				
Convient aux enfants de 5 à 10 ans			✓		
Convient aux enfants de 10 ans et plus					✓

SOMMAIRE

PRÉFACE

Il y a environ vingt-cinq ans, un psychiatre
de l'université de Pennsylvanie, le docteur
Aaron Katcher, réalisa une expérience
curieuse. Il s'agissait de relever la
pression sanguine d'un groupe
d'individus dans des
circonstances particulières..
Le médecin constata
qu'observer un aquarium rempli de
plantes et de poissons tropicaux faisait
chuter la pression sanguine. Il s'avéra en outre

Velifera

que, chez les gens souffrant d'hypertension artérielle,
cette chute était supérieure à la moyenne et que, pendant le test
stressant faisant suite à l'observation de l'aquarium, leur pression
sanguine remontait, mais pas autant qu'avant d'avoir observé
l'aquarium. En conclusion, le médecin déclara que regarder
des poissons est bon pour la santé.

Les dentistes le savent depuis longtemps et ils ont de plus en plus
souvent un aquarium dans leur cabinet. Le docteur Katcher était en
fait le psychiatre de l'École dentaire de l'université de Pennsylvanie.
(Lorsque je lui demandai pourquoi une école dentaire employait un
psychiatre, il répondit en souriant : «il faut savoir gérer la douleur».)
Son intérêt pour les relations entre l'homme et le monde animal le
conduisit ensuite à l'école vétérinaire de l'université, où il mena la
majeure partie de ses recherches.

Le docteur Katcher en a conclu, entre autres, que l'homme faisait
autrefois partie intégrante du monde naturel et que,
après s'en être largement isolé, il a instinctivement
«introduit l'extérieur à l'intérieur» en s'entourant
de parcelles de nature sous la forme de
plantes ou d'aquariums de poissons
tropicaux.

Molly ballon

On peut posséder un aquarium pour une autre raison que les bienfaits physiologiques qu'il apporte : pour sa beauté, tout simplement. La diversité des couleurs et des formes des poissons tropicaux d'eau douce est étonnante et leur comportement fascinant.

Mais certaines règles sont à respecter. Les poissons, isolés dans leur monde aquatique, n'en sont pas moins des créatures vivantes. Il faut veiller à créer un environnement idéal pour eux. Cela inclut de connaître leurs besoins, mais également leur comportement. Certaines espèces, aussi jolies soient-elles, sont des prédateurs pour d'autres.

Bien étudier la question est la mesure préventive la plus efficace que je puisse suggérer. Cet ouvrage vous aidera à partir du bon pied pour créer avec vos poissons ce qui sera, je l'espère, un lien réciproque fructueux.

Bruce Fogle,
docteur vétérinaire

S'il est vrai que vous ne pouvez tenir vos poissons dans vos bras ou sur vos genoux en regardant la télévision, ces animaux sont cependant dotés d'une personnalité, que vous finirez par cerner à force de les observer.

LA DOMESTICATION DU POISSON

Exploration dans un aquarium public, en Floride.

Les poissons existent depuis plus de 500 millions d'années et furent les tout premiers vertébrés (animaux possédant une colonne vertébrale) du globe. Toutefois, les premiers poissons étaient différents de ceux que nous connaissons aujourd'hui : ils avaient des ouïes, mais pas de nageoires ni de mâchoires, et leur colonne vertébrale était du cartilage. On pourrait dire qu'ils ressemblaient plutôt à des têtards couverts d'écailles. Il leur a fallu encore 100 millions d'années pour développer des nageoires, des mâchoires et un vrai squelette osseux.

Quatre cents millions d'années plus tard, la diversité des poissons que l'on trouve dans les océans, les mers, les lacs, les fleuves, les ruisseaux et les étangs du monde entier, est stupéfiante. Les poissons que nous gardons en aquarium originent de ces eaux.

La plupart des espèces de poissons d'aquarium sont tropicales, c'est-à-dire qu'elles sont originaires de régions chaudes, en particulier d'Amérique du Sud et du Sud-Est asiatique. Et les plantes aquatiques dont nous décorons nos aquariums servent à reproduire l'écosystème de ces régions.

Les anciens Égyptiens furent sans doute les premiers à posséder des poissons d'ornement. Ils élevaient des tilapias pour les consommer,

Femelle Pseudotropheus
sp. zebras

mais considéraient les mormidés comme des animaux sacrés et les élevaient pour leur beauté. Néanmoins, le poisson d'aquarium dont la domestication est la mieux connue provient de climats plus tempérés : il s'agit du poisson rouge.

L'élevage moderne en aquarium de verre s'est développé au milieu des années 1800. Ces aquariums n'étaient pas dotés de pompes, de filtres, de chauffage ni d'éclairage. Cet équipement tout à fait vital pour le bien-être des poissons n'est devenu courant que dans les années 1950.

L'aquariophilie sous sa forme actuelle date des années 1930, époque où les poissons sauvages capturés étaient expédiés par bateau dans des récipients métalliques. Ces longs voyages occasionnaient de lourdes pertes, mais la disponibilité de nouvelles espèces stimulait la passion des aquariophiles. Aujourd'hui, les compagnies aériennes assurent le transport dans des sacs en plastique gonflés à l'oxygène pur et les voyages sont plus courts et plus sûrs qu'autrefois. Enfin, la plupart des poissons d'aquarium ne sont plus capturés dans la nature mais élevés en captivité dans des fermes piscicoles, ce qui réduit encore la durée du transport.

Poisson rouge

Le télescope est un poisson rouge. Les Chinois développèrent le poisson rouge il y a plus de 1 000 ans en pratiquant un élevage sélectif d'une variété de carpe. Aujourd'hui, les dizaines de variétés de cette seule espèce résultent toutes d'un élevage sélectif.

CHOISIR L'AQUARIUM

Un aquarium est une maison pour les poissons. Il doit se composer des éléments suivants :

- *Un support solide (fondations de la maison)*
- *Un réservoir (la maison elle-même)*
- *Un couvercle éclairé (le toit)*

Avant de choisir votre aquarium, il faut tout d'abord déterminer son emplacement futur : certains endroits ne conviennent absolument pas. Il ne doit pas se trouver près d'une fenêtre, par exemple, car un excès d'ensoleillement provoque une prolifération des algues. Ni près d'une porte car si un courant d'air ouvre violemment celle-ci, elle risque de heurter le bac. Veillez également à ce qu'une prise électrique se trouve à proximité pour alimenter l'équipement. Enfin, mesurez l'espace disponible à l'emplacement choisi, de façon à déterminer la taille de votre futur aquarium.

SUPPORT

Rempli, un aquarium pèse approximativement 5 kilos pour 4 litres d'eau. Le support doit donc être assez solide pour soutenir un tel poids et assez stable pour ne pas remuer. Un support insuffisamment stable risque de déformer le réservoir, qui finira par se casser. Même si vous disposez d'un meuble assez robuste pour soutenir l'aquarium, il est préférable d'acheter un support prévu à cet effet. Dans tous les cas, il est conseillé d'intercaler une feuille de polystyrène entre le bac et son support.

Choisissez un support d'une longueur et d'une largeur égales à celles du bac que vous projetez d'acheter. Les supports en fer forgé sont peu onéreux et présentent généralement une étagère supplémentaire, sous le bac, permettant de placer un second aquarium. Les supports-meubles, quant à eux, sont prévus pour ranger la nourriture, les épuisettes et autres accessoires. De plus, ils permettent de dissimuler les fils électriques et les arrivées d'eau. Réfléchissez bien avant de faire votre choix.

BAC

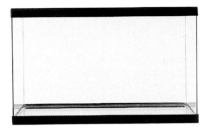

La contenance d'un aquarium est comprise entre 4 et 1 000 litres, voire plus! Les modèles de 40, 80, 100, 200, 300 et 540 litres sont les plus courants. Choisissez le plus grand modèle possible, en fonction de l'espace dont vous disposez et de vos moyens financiers. Il ne nécessite pas plus d'entretien. La dimension la plus importante à considérer est celle du fond. Celle-ci détermine la surface d'eau disponible pour absorber l'oxygène, et la superficie du fond que les poissons pourront coloniser. Ainsi, un aquarium de 80 litres long et large est préférable à un aquarium de même volume construit en hauteur.

Les aquariums en verre sont les plus courants et les plus économiques. Les aquariophiles préfèrent généralement les modèles en acrylique, plus résistants, légers, transparents, aux angles arrondis. Toutefois, ils se rayent plus facilement et sont plus difficiles à se procurer. Les bacs rectangulaires sont les plus courants, mais on trouve aussi des modèles pentagonaux, hexagonaux et octogonaux. Les aquariums en forme de bulle ou intégrés dans une table basse sont d'un entretien difficile.

LUMIÈRE

La plupart des systèmes couvrent le bac pour réduire l'évaporation et empêcher les poissons de sauter. Les plantes vivantes ont aussi besoin de lumière : l'éclairage doit fournir entre 2 et 5 watts pour 4 litres.

Couvercle complet avec tube fluorescent.

Le couvercle à tube fluorescent intégré permet de bien observer les poissons. Il fournit néanmoins un éclairage faible qui ne convient qu'aux plantes aquatiques les plus rustiques : il est parfait pour les plantes synthétiques. Le système du couvercle en verre et de la rampe lumineuse est plus souple car on peut lui ajouter des éléments.

Les systèmes d'éclairage compacts emploient des lampes en forme de U fournissant un éclairage plus vigoureux pour les plantes. Les lampes halogènes placées au-dessus de l'aquarium donnent une lumière intense, mais sont généralement chères.

LA FILTRATION

Dans la nature, un poisson dispose de centaines, voire de millions de litres d'eau. En comparaison, un aquarium est surpeuplé. Les filtres permettent d'élever plus de poissons dans un espace restreint.

VOTRE SYSTÈME DE FILTRATION DOIT REMPLIR TROIS FONCTIONS :
- **Filtration mécanique :** filtrage physique des particules solides de l'eau. La masse filtrante retient les excréments des poissons, la nourriture non consommée et les débris. La plupart des filtres remplissent une fonction mécanique.
- **Filtration biologique :** processus naturel permettant d'établir dans l'aquarium des bactéries utiles convertissant les déchets organiques nocifs en substances inoffensives. Tous les filtres fournissent un certain niveau de filtration biologique, mais certains sont plus efficaces que d'autres. Des trois types de filtration, la biologique est la plus importante.
- **Filtration chimique :** emploi de composants absorbants pour éliminer de l'aquarium les substances dissoutes dans l'eau. Le charbon actif est la masse de filtration chimique la plus couramment employée. Ce produit adsorbe une quantité limitée de déchets et doit être remplacé régulièrement.

TYPES DE FILTRES

Le filtre extérieur est le plus employé de nos jours. Il est constitué
d'une boîte s'accrochant derrière le bac contenant les masses filtrantes,
muni d'une pompe assurant la circulation de l'eau. Raccordé à
l'aquarium par un tuyau d'entrée et un tuyau de sortie, ce filtre se
révèle dans bien des cas le plus efficace. L'entretien est aisé puisqu'il
est situé hors de l'aquarium.

Le filtre sous gravier, comme son nom l'indique, se place sous le
gravier, au fond du bac. Il est actionné par une pompe à air (placée en
dehors du bac) ou une tête motrice (qui s'adapte à un exhausteur
placé dans le bac). L'eau circule dans le lit de gravier et en sépare
mécaniquement les particules solides. De plus, les bactéries utiles
colonisant le gravier absorbent l'ammoniaque et les autres déchets
dissous. C'est un excellent filtre biologique et mécanique. Certaines
marques proposent des cartouches de charbon actif pour ajouter un
minimum de filtration chimique. N'oubliez pas que, dans ce principe,
c'est le gravier qui est la masse filtrante : si vous ne le nettoyez pas
régulièrement à l'aspirateur, il va se boucher et cessera de fonctionner.

Le filtre monobloc extérieur est le plus universel. Il offre une capacité
supérieure, un plus grand choix de masses filtrantes et une circulation
d'eau maximale. Le filtre monobloc ressemble à un aspirateur-bidon

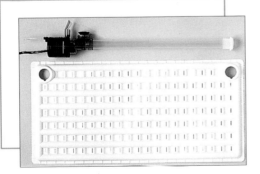

que l'on place sous
l'aquarium, auquel il est
relié par des tuyaux
flexibles de la longueur
voulue. La plupart des
filtres monoblocs
assurent les trois types
de filtration : mécanique,
biologique et chimique.

*La plaque du filtre sous gravier est placée dans le
fond de l'aquarium, sous une couche de gravier.*

BIEN AU CHAUD

La plupart des poissons d'aquarium viennent de climats chauds et ont besoin d'une eau chauffée entre 24 et 26 °C. Les chauffe-eau permettent de maintenir l'eau à la température voulue. Il existe des modèles suspendus sur le rebord du bac et d'autres complètement submersibles (moins accessibles si vous avez des enfants). Ils se fixent en place à l'aide de ventouses.

Pour les bacs jusqu'à 200 litres, il faut 5 watts de chaleur pour 4 litres d'eau : par exemple, il faut un chauffe-eau de 100 watts pour un bac de 80 litres. Au-delà de 200 litres, on compte 3 watts pour 4 litres d'eau : pour un bac de 220 litres, il faut donc 165 watts (le modèle de chauffe-eau le plus proche est de 200 watts).

Il ne faut jamais brancher un chauffe-eau hors de l'eau : le choc thermique peut casser le tube de verre. De plus, débranchez-le et laissez-le refroidir avant de l'ôter de l'aquarium.

THERMOMÈTRE

Tout aquarium doit avoir un thermomètre pour connaître la température de l'eau. Le plus précis et le plus facile à lire est le thermomètre à cristaux liquides qui se colle à l'extérieur du bac.

Thermomètre

Scalaire marbré doré à queue voile

Les anciens thermomètres en verre qui flottent dans le bac existent toujours. Ils sont un peu moins précis, mais vous pouvez les utiliser pour tester la température d'un seau d'eau.

POMPE À AIR

Il est faux de croire que les bulles aèrent l'eau : c'est l'eau circulante qui assure cette fonction. L'échange gazeux se produit à la surface de l'eau : le gaz carbonique s'échappe vers l'extérieur et l'eau réabsorbe de l'oxygène de l'air ambiant. Si vous disposez d'un filtre faisant circuler l'eau, vous n'avez pas besoin d'une pompe à air.

La pompe à air a néanmoins son utilité. Elle peut actionner un filtre sous gravier, un filtre-boîte, mais aussi des décorations. Par exemple, vous pouvez la connecter à un grand diffuseur pour obtenir une cascade de bulles. Mais vous pouvez aussi l'employer pour actionner un décor mobile tel un coffre de pirate qui s'ouvre et se ferme ou un scaphandrier qui se déplace dans le bac.

TUYAU ET VALVE

N'oubliez pas d'acheter un tuyau à air pour compléter votre pompe à air. Cette pompe se place à l'extérieur de l'aquarium et le tuyau relie l'alimentation en air avec la décoration ou les filtres à l'intérieur du bac. Si vous voulez raccorder plusieurs éléments à une seule pompe, il vous faut un répartiteur, qui permet de relier plusieurs sorties (entre deux et cinq) à l'alimentation de la pompe. Enfin, les raccords en T servent à relier deux sorties pour en faire une seule, et non le contraire.

Scalaire perlé doré

LES ACCESSOIRES

Nous avons passé en revue les principaux éléments de votre aquarium.
Il vous faut également différents accessoires pour les compléter.

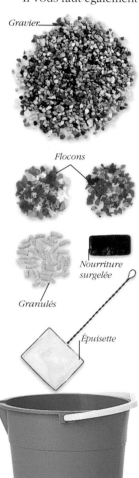

Gravier

Flocons

*Nourriture
surgelée*

Granulés

Épuisette

GRAVIER

Choisissez un calibre de gravier compris
entre 0,3 et 0,6 cm. Les particules plus petites
ont tendance à se tasser ou à traverser le
filtre sous gravier. Plus grosses, elles forment
des espaces dans lesquels la nourriture
risque de se coincer, hors de portée des
poissons, et de polluer l'eau. Achetez
suffisamment de gravier pour former une
couche de 4 à 5 centimètres d'épaisseur (soit
environ 700 grammes pour 4 litres d'eau).
Les couleurs des poissons sont davantage
mises en valeur sur un gravier sombre.

ALIMENTATION

Il faut varier l'alimentation. Un mélange
de flocons, de nourriture lyophilisée et de
nourriture vivante ou surgelée constitue
un bon équilibre.

ÉPUISETTE

La taille du filet doit correspondre à celle des
poissons. Les filets verts grossiers sont plus
faciles à manœuvrer dans l'eau. Les filets
blancs fins sont plus délicats à manipuler
mais les nageoires des poissons risquent
moins de s'y coincer.

CONDITIONNEUR D'EAU

Pour que l'eau soit bonne pour les poissons,
il faut en éliminer le chlore et la chloramine.
Un vendeur d'un magasin spécialisé saura
vous dire si l'eau du robinet en contient et
quelle sorte de traitement employer.

SEAU À POISSONS

Le savon tue les poissons. Réservez un seau à l'usage exclusif de vos poissons lorsque vous devez nettoyer le bac et étiquetez-le pour que personne ne l'utilise pour autre chose.

SIPHON POUR GRAVIER

Le siphon nettoie le gravier et élimine l'eau que, régulièrement, vous devez renouveler en partie. Certains modèles s'accrochent à l'évier ou au lavabo et servent à la fois à vider et à remplir l'aquarium.

Siphon pour gravier

RACLETTE

La raclette à algues sert à maintenir la vitre propre. Les modèles sans poignée atteignent plus facilement les recoins.

KITS DE TEST

On ne peut évaluer la qualité de l'eau en la regardant. Il faut la tester. Achetez des kits de test de pH, d'ammoniaque et de nitrites.

DÉCORATION DE L'ARRIÈRE DU BAC

La décoration de l'arrière du bac permet de cacher tout ce qui est inesthétique : fils électriques, tuyaux d'air et filtres accrochés derrière l'aquarium. Elle se fixe directement sur la vitre arrière du bac.

DÉCORATIONS

Les matériaux naturels et les plantes vivantes sont plus esthétiques, mais vous pouvez aussi choisir des plantes synthétiques, un mini-château, etc.

N'employez jamais des décorations ramassées sur la plage ou dans un parc. En effet, elles rejetteraient progressivement dans l'eau des substances toxiques pour vos poissons.

LE POUCE VERT

Les poissons sont, bien entendu, l'attraction principale de votre
aquarium, mais si vous voulez que celui-ci reflète vraiment la beauté
de la nature, il vous faut ajouter des plantes. Elles enjolivent le bac
nu et servent aux poissons de cachettes et de sites de reproduction.
Quant aux jeunes poissons, elles leur permettent d'échapper à leurs
prédateurs en se cachant dans le feuillage.

PLANTES À TIGES	PLANTES EN ROSETTES	PLANTE FLOTTANTE
Bacopa	Amazone	Cornifle
Élodée	Cryptocoryne	
Hygrophila	Sagittaire	
Rotala des Indes	Vallisnerie	
Cabomba		

Amazone

PLANTES VIVANTES

Les plantes vivantes sont dynamiques. Elles
poussent et se courbent dans le sens du courant :
votre aquarium sera chaque jour un peu différent.
Elles peuvent aussi fournir un peu d'oxygène et
ôter de l'eau des nutriments inutiles. Enfin, leurs
feuilles complètent l'alimentation des poissons
herbivores. Les plantes vivantes doivent recevoir
5 watts de lumière pour 4 litres d'eau : choisissez
votre système d'éclairage en conséquence.

*Hygrophila
Diformis*

Les plantes aquatiques se présentent sous
différentes formes. Les plantes à tiges sont un
groupe de brins maintenus par un élastique, dont
chacun possède une multitude de feuilles et se
plante en groupe ou seul. Les plantes en rosettes,
dont toutes les feuilles partent d'un même point à
la base de la plante, sont souvent vendues en
pots. Les plantes flottantes dérivent dans le
courant : la plupart plongent leurs racines dans
l'eau pour en absorber les nutriments.

PLANTES SYNTHÉTIQUES

Les plantes en plastique sont moins jolies que les
plantes naturelles. Cependant, elles ne meurent
pas et, une fois colonisées par de petites algues,
elles ont l'air assez réelles. Enfin, les plantes
synthétiques n'ont pas besoin de lumière et
rendent inutile un système d'éclairage intense : le
couvercle standard à lampe intégrée suffit.

*Hygrophila
Polysperma*

Vallisnerie

L'ASSEMBLAGE DE L'AQUARIUM

Vous avez acheté les différents éléments et il vous faut maintenant assembler votre aquarium. Cette tâche est parfois difficile car vous avez des produits de plusieurs fabricants et aucun mode d'emploi d'ensemble. Voici, en huit étapes, comment procéder au montage d'un aquarium. Mais lisez attentivement les instructions des fabricants avant de commencer.

1. Installez l'aquarium. Mettez le support en place en veillant à ce qu'il soit bien de niveau. Il doit être suffisamment éloigné du mur pour laisser de la place aux filtres suspendus, aux tuyaux et aux câbles électriques. Si vous avez acheté un décor pour l'arrière du bac, fixez-le maintenant. Nettoyez les vitres à l'eau pure, sans savon. Posez l'aquarium sur le support en le centrant bien.

2. Ajoutez le gravier et les décorations lourdes. Rincez le gravier et étalez-le au fond du bac, en pente légère pour que la couche soit plus épaisse à l'arrière (les dépôts se rassembleront vers l'avant et seront plus faciles à siphonner à l'aide d'un tuyau). Positionnez les décorations lourdes. Attention : si vous avez acheté un filtre sous gravier, placez-le dans le bac avant le gravier.

Empiler des roches est imprudent.

3. Remplissez l'aquarium. Mélangez de l'eau chaude et froide pour obtenir la température voulue. Placez une petite assiette dans l'aquarium et versez l'eau dessus pour éviter de remuer le gravier. Pour un aquarium en verre, remplissez jusqu'au bord inférieur de la cornière. Pour un bac en acrylique, remplissez jusqu'à environ 2 centimètres du haut. Ajoutez un conditionneur d'eau « déchlorant » pour rendre l'eau du robinet sûre pour les poissons.

Faites un creux dans le gravier et placez les plantes. Recouvrez les racines de gravier.

4. Ajoutez plantes et décorations. Les plus grandes plantes et décorations se placent vers l'arrière.

5. Installez le filtre. Conformez-vous aux instructions du fabricant pour assembler ct installer les masses filtrantes.

6. Installez le chauffe-eau. Suivez bien les instructions du fabricant pour installer et régler le chauffe-eau. Puis n'oubliez pas d'installer le thermomètre. Ne branchez pas le chauffe-eau avant qu'il soit dans l'eau!

7. Installez l'éclairage. Si vous avez acheté un couvercle à éclairage intégré ou une rampe avec verrière, taillez l'espace nécessaire dans la cornière de plastique arrière afin de permettre l'installation des filtres et des chauffe-eau suspendus. Posez ensuite le système d'éclairage au-dessus de l'aquarium.

8. Attendez 15 jours avant d'acheter vos poissons. Soyez patient.

Avant d'acheter les poissons, vérifiez que l'aquarium ne fuit pas, que la température est stable et que toute l'installation fonctionne bien.

Pseudotropheus Lombardoi

LA QUALITÉ DE L'EAU

La qualité de l'eau du robinet varie d'une région à l'autre. La teneur du sol et du substrat en minéraux influe sur la composition chimique des nappes souterraines. Même l'eau tirée de deux puits proches peut être sensiblement différente. De plus, le traitement municipal des eaux affecte la qualité de l'eau du robinet.

Scalaire marbré doré

La plupart des eaux de distribution sont toxiques pour les poissons. Les usines de traitement y ajoutent des produits chimiques – chlore et chloramine, principalement – pour tuer les germes nocifs pour l'homme. Or, ces produits abîment les ouïes des poissons et doivent être neutralisés.

CHLORE

Le chlore de l'eau du robinet est facile à éliminer au moyen d'un conditionneur d'eau. Le dosage typique est d'une goutte pour 4 litres d'eau ou d'une cuillerée à café pour 40 litres d'eau, selon la marque. Suivez toujours les instructions du fabricant.

CHLORAMINE

Dans certaines régions, l'eau de conduite locale présente de hauts niveaux de matière organique dissoute. Le chlore qui lui est ajouté peut se combiner avec cette matière organique et former alors des substances cancérigènes. C'est pourquoi certaines municipalités traitent l'eau en y ajoutant à la fois du chlore et de l'ammoniaque. En se combinant, ces deux produits forment de nouveaux composants appelés chloramines qui, eux, ne se combinent pas avec la matière organique de l'eau.

Rasbora à bande longitudinale

Silure de verre

Un bon conditionneur d'eau élimine également les chloramines, mais libère de l'ammoniaque dans l'eau. Dans un aquarium bien établi, le filtre biologique neutralise rapidement l'ammoniaque mais, dans un nouveau bac, l'ammoniaque peut atteindre des niveaux mortels pour les poissons. En principe, le vendeur de votre magasin spécialisé sait si l'eau du robinet contient des chloramines. Si c'est le cas, ajoutez un produit à base de zéolithe pour éliminer l'ammoniaque ou demandez au vendeur le produit employé pour les aquariums du magasin.

pH

Il peut être nécessaire de corriger le pH de l'eau du robinet. Le pH est le coefficient de mesure de l'acidité ou de l'alcalinité selon une échelle de 0 à 14. Plus le pH est élevé, plus la solution est alcaline, et plus il est faible, plus la solution est acide. En règle générale, un pH compris entre 6,8 et 7,4 est adéquat pour la plupart des poissons, un pH de 7 convenant au plus grand nombre d'espèces.

Si le pH de l'eau du robinet ne convient pas aux poissons que vous gardez, il faut le corriger au moyen de produits chimiques. Le bicarbonate de soude fait élever le pH, tandis que le biphosphate de soude l'abaisse. Vous trouverez ces produits, notamment, ainsi que des kits de test de pH, dans les animaleries. Nous verrons page 52 comment modifier le pH de l'eau dans l'aquarium.

Il est donc recommandé de tester le pH de l'eau du robinet, mais pas directement à la sortie du robinet. En effet, l'eau de conduite a été conservée sous pression dans le système local et contient des gaz dissous. Or, certains gaz affectent le pH. Pour obtenir une mesure précise du pH, mettez de l'eau dans un bocal, secouez pendant quelques minutes, puis faites le test. Secouer l'eau élimine les gaz en excès et permet à l'eau d'absorber les gaz présents dans l'air ambiant. En revanche, il n'est pas nécessaire d'aérer l'eau de votre aquarium avant de la tester : le filtre s'en est déjà chargé.

NOMBRE DE POISSONS

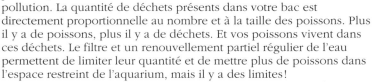

Scalaire fantôme

Trop peupler un aquarium est une erreur fréquente chez les nouveaux aquariophiles. Vous trouverez dans votre animalerie des centaines d'espèces de poissons exotiques qui vous feront envie. Résistez : le surpeuplement tue les poissons, tout d'abord à cause de la pollution. La quantité de déchets présents dans votre bac est directement proportionnelle au nombre et à la taille des poissons. Plus il y a de poissons, plus il y a de déchets. Et vos poissons vivent dans ces déchets. Le filtre et un renouvellement partiel régulier de l'eau permettent de limiter leur quantité et de mettre plus de poissons dans l'espace restreint de l'aquarium, mais il y a des limites!

Le surpeuplement tue par d'autres façons. Si trop de poissons vivent ensemble, ils vont probablement se disputer le territoire et les bagarres feront des victimes. Par ailleurs, le surpeuplement limite la croissance. Vos poissons n'atteindront pas leur taille adulte et risquent de ne pas se reproduire. Enfin, le stress de la promiscuité provoque des maladies qui, dans un aquarium surpeuplé, se répandent vite.

RÈGLE DE BASE

Il faut limiter le peuplement à une moyenne de 2,5 cm de poisson pour 4 litres d'eau (voir tableau page ci-contre). Cette règle s'applique aux poissons tropicaux d'aquarium, à savoir ceux qui, en général, font entre 5 et 7 centimètres de longueur. (La taille standard se mesure du bout du museau à l'extrémité du corps, queue non comprise.)

EXCEPTIONS

La règle de 2,5 cm pour 4 litres d'eau ne s'applique pas pour l'installation d'un nouvel aquarium (voir page 28). Elle n'est pas non plus valable pour les gros poissons. Les poissons grandissent en longueur, mais également en hauteur et en largeur. Comparez en effet dix bébés oscars de 2,5 cm à un adulte de 25 centimètres.

En fait, la masse de l'adulte est environ 1 000 fois plus importante que celle d'un petit. Lorsque les poissons deviennent gros, diminuez le nombre de centimètres de poisson pour 4 litres.

Le néon noir ci-dessus mesure environ 2,5 cm, tandis que l'oscar rouge ci-contre peut atteindre 25 centimètres. Dix néons noirs équivalent donc à un seul oscar en longueur, mais, en masse, un oscar équivaut à 1 000 néons noirs.

CONVERSION EN MASSE

LONGUEUR DU POISSON	ÉQUIVALENT EN MASSE	NOMBRE DE LITRES D'EAU EN FONCTION DE LA TAILLE
2,5 cm	1	4
5 cm	8	4
10 cm	64	8
15 cm	216	32*
30 cm	1728	100*
60 cm	13824	500*

* Ces chiffres s'appliquent si l'on procède chaque semaine à un renouvellement partiel de l'eau pour éviter l'accumulation des déchets.

QUELS POISSONS PEUT-ON FAIRE COHABITER ?

Si vous croyez qu'il suffit de choisir ses poissons en fonction de leur beauté, il n'en est rien. Le choix est soumis à des critères.

• **Zone de nage :** choisissez un mélange de poissons de surface, de niveaux intermédiaires et de fond pour équilibrer l'aspect de votre bac.

• **Sommeil :** les poissons nocturnes se cachent toute la journée et sortent le jour. Si vous en avez trop, vous ne les verrez jamais!

• **Comportement grégaire :** ayez un minimum de trois sujets par espèce grégaire. Six ou plus d'une même espèce est encore mieux.

• **Régime alimentaire :** vérifiez toujours le régime alimentaire d'un poisson avant l'achat. Certains mangent de la nourriture vivante, par exemple. Privés de la nourriture adéquate, les poissons meurent.

• **Compatibilité :** les poissons se battent beaucoup, notamment pour la nourriture et les femelles, mais les luttes territoriales sont les plus fréquentes. Laissez suffisamment d'espace aux espèces territoriales.

GÉNÉRALITÉS PAR ESPÈCES

Voici quelques généralités sur les poissons d'aquarium courants.

• **Barbus :** généralement paisible, mais parfois déchiqueteur de nageoires. Les barbus sont mieux en petits groupes, surtout le barbus tigre.

• **Betta (combattant du Siam) :** très territorial. Ne mettez jamais plus d'un betta par aquarium. Ne mélangez pas les mâles à longues

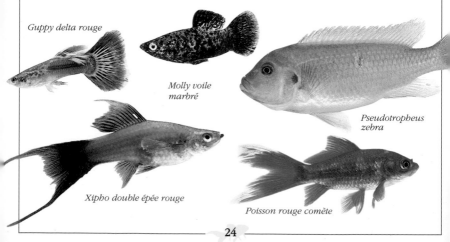

Guppy delta rouge

Molly voile marbré

Pseudotropheus zebra

Xipho double épée rouge

Poisson rouge comète

nageoires avec les espèces qui les déchiquettent.
- **Danio :** très actif et grégaire.
- **Gourami :** ne conservez qu'un sujet ou un couple par espèce pour éviter les combats. Certaines variétés colorées constituent une espèce à part entière.
- **Guppy :** ovovivipare paisible. Le guppy fantaisie est plus délicat que le guppy commun.
- **Labéo :** le labéo arc-en-ciel et le labéo bicolore sont territoriaux. N'en conservez qu'un. Le requin barbus et le requin d'argent sont grégaires mais deviennent gros.
- **Mangeurs d'algues :** le plecostomus et l'otocinclus sont les meilleurs choix. Ce dernier, de petite taille, est actif pendant la journée.
- **Molly :** ovovivipare se portant mieux si l'on ajoute une ou deux cuillerées à café de sel d'aquarium pour 4 litres d'eau. Il apprécie un supplément d'algues ou de végétation dans son alimentation.
- **Platy :** ovovivipare paisible existant dans de nombreuses couleurs. Prévoyez deux femelles par mâle.
- **Poisson-chat :** la plupart sont nocturnes et certains prédateurs. Les différents corydoras sont des nettoyeurs paisibles, actifs le jour.
- **Poisson rouge :** il doit être séparé des poissons tropicaux car il préfère l'eau plus froide et devient assez gros.
- **Scalaire :** il ne se mélange pas avec les poissons qui déchiquettent les nageoires des autres. Comme tous les cichlidés, il est territorial.
- **Tétra :** généralement paisible. Les tétras sont grégaires.
- **Xipho :** ovovivipare coloré et paisible. Prévoyez deux femelles par mâle.

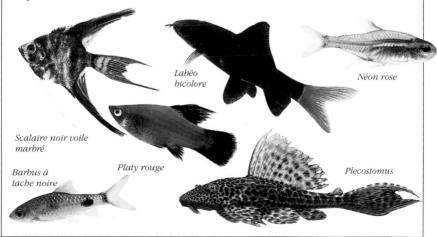

Labéo bicolore

Néon rose

Scalaire noir voile marbré

Barbus à tache noire

Platy rouge

Plecostomus

EXEMPLES DE COMMUNAUTÉS

Voici quelques exemples de communautés qui s'entendent bien.
Chaque groupe est divisé en deux lots : le premier se compose
de poissons résistants permettant d'établir un nouveau bac et le
second ne s'ajoute qu'ensuite. Chaque poisson peut être remplacé
par un sujet de même taille et de même comportement appartenant
à la même espèce.

COMMUNAUTÉ POUR BAC DE 40 LITRES	
Lot 1	**Lot 2**
3 danios zébrés ou perlés	3 platys (ou platies)
2 corydoras	3 tétras néons
	1 otocinclus

Tétras néon

Danio zébré

Kribensis

Loche clown

26

Platy sunset marigold voilé

COMMUNAUTÉ POUR BAC DE 115 LITRES

Lot 1

1 couple de colisas

3 platys

6 néons noirs

3 corydoras

Lot 2

6 tétras néons

6 rasboras arlequins

3 otocinclus

1 petit plecostomus

Gourami nain

Platy sunset

COMMUNAUTÉ POUR BAC DE 220 LITRES

Barbus de Sumatra vert

Lot 1

6 danios zébrés ou perlés

6 platys

6 barbus de Sumatra

12 tétras serpae

Lot 2

2 gouramis embrasseurs

1 couple de kribensis

3 loches clowns

12 tétras cardinal

6 corydoras

6 otocinclus

Corydoras cuivré (Aenus)

LE CYCLE DE L'AZOTE

Vous pouvez aider à l'établissement de bonnes bactéries dans votre nouvel aquarium en y introduisant du gravier d'un bac déjà équilibré. Demandez à votre animalerie.

Les poissons excrètent de l'ammoniaque. Si les bacs équilibrés contiennent des bactéries utiles qui le décomposent, ce n'est pas le cas des nouveaux aquariums. Il faut donc lancer le cycle de l'azote pour que les poissons ne s'empoisonnent pas avec leur propre ammoniaque.

QUE SE PASSE-T-IL PENDANT LE CYCLE DE L'AZOTE ?

Une fois que l'aquarium a été peuplé de poissons, ceux-ci commencent à rejeter de l'ammoniaque et des déchets dans l'eau. Le niveau d'ammoniaque monte alors. Les bactéries utiles décomposent cette ammoniaque, mais leur développement va prendre une ou plusieurs semaines. Pendant cette période, le danger est grand pour les poissons. Une fois que les bactéries sont établies, le niveau d'ammoniaque retombe à zéro.

Néanmoins, tout danger n'est pas passé car les bactéries convertissent l'ammoniaque en nitrites, toxiques pour les poissons. Le niveau d'ammoniaque baisse, mais celui des nitrites augmente. Un second groupe de bactéries doit convertir les nitrites en nitrates, relativement inoffensifs. Ce processus prend encore au moins quinze jours.

Le taux de nitrates ne peut être contrôlé qu'en renouvelant régulièrement une partie de l'eau. Ces renouvellements sont vitaux.

L'ensemble du processus (conversion de l'ammoniaque en nitrites et des nitrites en nitrates) s'appelle le cycle de l'azote. Dans un aquarium, le cycle de l'azote dure en général entre deux et trois semaines, mais peut prendre plus d'un mois. Cela varie d'un aquarium à l'autre.

UN CYCLE DE L'AZOTE CONTRÔLÉ

1. Tout d'abord, commencez avec peu de poissons. La première introduction ne doit pas dépasser 1 centimètre de poisson pour 4 litres d'eau. Par exemple, pas plus de 10 centimètres de poisson pour un aquarium de 400 litres. Une fois le cycle de l'azote achevé, vous pouvez ajouter des poissons jusqu'à un total de 2,5 cm pour 4 litres d'eau.

2. Soyez patient! N'ajoutez aucun poisson supplémentaire tant que les taux d'ammoniaque et de nitrites n'ont pas culminé pour redescendre à un niveau indétectable. Il faudra attendre entre deux et six semaines avant d'ajouter des poissons. N'oubliez pas que le cycle doit être initié graduellement par l'introduction d'une petite quantité de poissons produisant l'ammoniaque nécessaire.

3. Achetez un kit de test d'ammoniaque et de nitrites pour vérifier les taux. La seule façon de savoir que le cycle de l'azote a eu lieu (et que vous pouvez ajouter d'autres poissons) est de tester l'eau : les composés chimiques ne sont pas visibles à l'œil nu!

Les composés chimiques toxiques qui se forment dans l'aquarium sont invisibles et vous risquez de constater trop tard leur effet sur vos poissons. Contrôlez l'eau une fois par jour avec des kits de test pour être certain que le cycle de l'azote a eu lieu.

L'ARRIVÉE À LA MAISON

Le premier jour est rempli de dangers pour les poissons. Il faut d'abord les transporter en toute sécurité et les amener sains et saufs jusqu'à la maison, puis les placer avec précaution dans l'aquarium.

TRANSPORT

Lorsque vous achetez des poissons pour votre aquarium, le vendeur doit les mettre dans des sacs en plastique pour le transport. Chaque sac doit contenir un tiers d'eau et deux tiers d'air. Le haut du sac doit être noué ou lié avec un élastique. Ensuite, les sacs sont placés dans des sacs en papier.

Manipulez les sacs avec précaution pour ne pas les percer. Protégez les poissons de la température extérieure pendant le trajet. Achetez les poissons en fin de journée, juste avant de rentrer chez vous pour qu'ils n'attendent pas trop longtemps dans leurs sacs. Fermez le sac en papier pour maintenir une température constante. Ne laissez jamais les poissons dans la voiture. Un poisson peut mourir de froid en hiver, et de chaud en été. Ne les placez pas trop près des sorties d'air chaud ou d'air froid de la voiture.

ATTENTION AUX ÉPINES

Le vendeur doit placer les espèces à épines, comme les poissons-chats et les cichlidés, dans un double sac pour éviter les perforations. Le premier sac doit être placé à l'envers dans le second. Une fois que le sac est fermé, tous les angles vont s'arrondir et le poisson épineux ne pourra pas se loger dans un angle et le percer.

ACCLIMATATION

Lorsque vous arrivez à la maison, faites très attention pour sortir les poissons du sac. Éteignez d'abord la lumière de l'aquarium pour ne pas les stresser, puis posez les sacs fermés sur l'eau du bac. Laissez-les flotter environ 20 minutes, jusqu'à ce que l'eau du sac et celle du bac soient à la même température. Cela évitera que les poissons ne souffrent d'un écart de température lorsque vous les lâcherez.

Ouvrez ensuite les sacs et introduisez un verre d'eau de l'aquarium toutes les 5 minutes afin d'habituer les poissons à leur nouvel environnement. Une fois le sac rempli, pêchez les poissons avec une épuisette et jetez l'eau du sac pour ne pas introduire une maladie dans votre aquarium. Au bout de quelques minutes, rallumez l'éclairage.

À l'aide d'une épuisette, attrapez chaque poisson très doucement. Maintenez le sac fermé pendant que vous les lâchez pour éviter que de l'eau du sac ne coule dans l'aquarium.

LES ALIMENTS DU COMMERCE

Pour être équilibré, le régime alimentaire des poissons doit être varié. Les produits du commerce offrent une grande diversité.

Porte-épée

Avant d'acheter la nourriture, vérifiez les besoins alimentaires de vos poissons. Les carnivores mangeront plus de viande et les herbivores plus de végétaux. Par ailleurs, n'oubliez pas de considérer leurs comportements alimentaires. Par exemple, les granulés flottant à la surface ne conviendront pas aux poissons de fond.

Flocons

FLOCONS

Les flocons de base sont bien pour commencer, mais n'oubliez pas les autres variétés. Les flocons colorés, les flocons de crevettes et d'algues spiruline contiennent des stimulants de couleur naturels. Les flocons fournissent une base pratique pour une alimentation équilibrée, mais doivent être complétés par d'autres aliments.

Granulés

Comprimés

COMPRIMÉS ET GRANULÉS

Les comprimés sont destinés aux poissons de fond. Les granulés flottants assurent l'alimentation des poissons de surface et ceux qui coulent celle des poissons de fond.

ALIMENTS LYOPHILISÉS

Si les flocons et les granulés sont un mélange d'ingrédients traités industriellement, les aliments lyophilisés sont des organismes aquatiques naturels. De même valeur nutritive que la nourriture vivante, leur forme séchée est pratique. Parmi ces aliments savoureux et naturels très appréciés des poissons, on trouve les artémias, les daphnies, les vers tubifex, les vers de vase, le plancton et le krill.

Aliments lyophilisés

Nourriture surgelée

ALIMENTS SURGELÉS

Les aliments surgelés ont une valeur nutritionnelle très proche de celle de la nourriture vivante. Vous constaterez rapidement que vos poissons en sont friands. Les aliments présentés sous forme lyophilisée existent également sous forme simplement surgelée. Il existe également des formules composées d'un mélange équilibré d'ingrédients. Les aliments surgelés sont vendus en tablettes ou en cubes. Les tablettes doivent être cassées en morceaux, tandis que les cubes, d'un emploi encore plus pratique, sont simplement plongés dans l'aquarium.

NOURRITURE POUR LES VACANCES

Lorsque vous devez partir en vacances, il vous faut acheter une nourriture spéciale. Il s'agit de blocs alimentaires dont l'enveloppe se décompose progressivement une fois dans l'eau du bac. Toutefois, la valeur de ces blocs est limitée : tombant au fond de l'aquarium, ils ne sont pas à la portée des poissons évoluant en surface ou en niveau intermédiaire. De plus, les aliments ne restent pas longtemps frais une fois en contact avec l'eau. Un distributeur ou l'intervention d'un voisin qui viendra nourrir vos poissons sont des solutions plus sûres lorsque vous êtes absent.

Blocs vacances

Platy rouge

Apistogramma panda

LA NOURRITURE VIVANTE

Rien n'est plus attractif
pour les poissons que la
nourriture vivante. Attirés par
le mouvement et l'odeur, ils adorent batailler
avec les différents vers, insectes et crustacés

Calicot

qu'on leur donne. De plus, la nourriture vivante est
très complète sur le plan nutritionnel. Dans la nature, ces
créatures aquatiques constituent le régime alimentaire
habituel des poissons.

ARTÉMIAS

De nombreuses animaleries vendent des
artémias adultes vivantes, aliments très
nutritifs. Elles servent à conditionner les
poissons pour la reproduction. Vous pouvez
aussi acheter des œufs d'artémia que vous
ferez éclore vous-même. Les nauplies
d'artémia (œufs tout juste éclos) sont un
aliment de base parfait pour les alevins.

VERS DE VASE

En réalité, ce ne sont pas des vers, mais des larves
aquatiques d'un insecte inoffensif, le chironome
plumeux. Leur long corps, comme ceux des vers, est d'une
couleur rouge vif due à leur richesse en hémoglobine. On les achète
le plus souvent surgelés, ou lyophilisés, mais on les trouve de plus en
plus vivants.

POISSONS VIVANTS

Les gros poissons mangent les petits. Les poissons destinés à
l'alimentation d'autres poissons s'achètent en quantité et peuvent aussi
être gardés comme poissons d'aquarium. Bon marché et souvent
élevés dans des bacs surpeuplés, ils risquent d'introduire des maladies
dans votre bac. Le guppy commun est de petite taille, et le poisson
rouge commun de moyenne et grande taille.

CREVETTES NETTOYEUSES

D'une longueur d'environ 2,5 cm, cette crevette est transparente comme le verre : on peut voir l'intérieur de son corps changer de couleur en fonction de la nourriture qu'elle vient d'absorber. Bonne source d'alimentation pour les gros

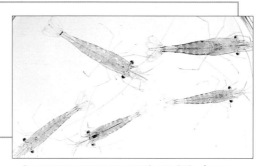

Les crevettes nettoyeuses sont très appréciées des gros poissons, mais peuvent cohabiter avec des plus petits.

poissons, c'est une excellente nettoyeuse qui peut être élevée en bac avec des petits poissons.

LARVES DE MOUSTIQUE

Vous pouvez récolter vous-même des larves de moustique dans les fossés et les points d'eau de pluie stagnante. Attrapez-les à l'aide d'une épuisette, puis rincez-les avant de les donner aux poissons. N'en stockez pas trop à la fois si vous ne voulez pas voir votre maison envahie de moustiques !

Barbus rosé

LARVES DE CHAOBORUS (GLASSWORMS)

Ces larves d'insecte *(Chaoborus)* ressemblent à celles des moustiques mais sont plus grosses et complètement transparentes. Récoltées sous la glace même en hiver, ce sont des produits de saison. Tous les poissons les apprécient, mais elles sont généralement trop grosses pour les petits spécimens.

TUBIFEX ET PROCHES COUSINS

Ces petits vers d'eau douce ont une longueur de 2,5 à 5 centimètres et le diamètre d'une mine de crayon. Tous les poissons en raffolent, en particulier les poissons de fond. Ils se conservent au réfrigérateur.

LE NOURRISSAGE

Nourrir vos poissons est un moment privilégié.

Il faut éviter de suralimenter vos poissons, car la nourriture non consommée se décompose dans l'eau et finit par polluer. Or, une eau polluée tue les poissons.

La coutume veut que l'estomac d'un poisson fait à peu près la même taille que son œil. Cela donne une idée de la quantité de nourriture dont il a besoin. La règle est de ne pas donner aux poissons plus de nourriture que ce qu'ils peuvent absorber en trois minutes. S'il reste des aliments dans l'aquarium au bout de trois minutes, il y a surdosage et il faut alors siphonner l'excédent. Au nourrissage suivant, réduisez la quantité.

QUAND DISTRIBUER LA NOURRITURE
Nourrissez vos poissons deux fois par jour : une fois le matin et une autre le soir. Chargez une seule personne de votre foyer de cette tâche pour éviter une suralimentation accidentelle.

De nombreux poissons sont nocturnes. Si vous avez fourni la juste dose de nourriture nécessaire pendant la journée, ils n'auront plus rien à manger lorsqu'ils sortiront la nuit. Les plécos sont un bon exemple. De nombreux aquariophiles les achètent pour manger les algues, mais si celles-ci sont insuffisantes, il faut compléter l'alimentation. Mettez un comprimé d'algues dans le bac lorsque vous éteignez la lumière.

COMMENT LES NOURRIR

Ne mettez jamais les aliments directement de leur emballage dans l'eau. Le risque est trop grand d'en mettre trop et de polluer l'aquarium. Mesurez toujours la quantité dans votre main. Vous pourrez alors rectifier toute erreur avant qu'il soit trop tard.

• Les flocons peuvent être simplement saupoudrés sur la surface de l'eau (après les avoir dosés dans la main, bien entendu).
• Les comprimés tombant au fond du bac doivent être mis de façon qu'ils atteignent les espèces de fond concernées.
• La plupart des aliments lyophilisés peuvent être saupoudrés sur la surface de l'eau. Les cubes de vers tubifex lyophilisés peuvent être pressés contre la vitre intérieure. Ils y restent collés et les poissons viennent se servir.
• Les aliments surgelés sont plongés directement dans le bac, mais certains aquariophiles les font d'abord légèrement décongeler.

Si c'est vous qui nourrissez régulièrement les poissons, ceux-ci finiront par vous reconnaître et s'agglutineront près de la vitre de l'aquarium lorsque vous approcherez. Veillez à ce que tous les habitants du bac soient nourris : ceux qui vivent en surface, ceux qui vivent au fond, mais aussi les espèces actives le jour et celles actives la nuit.

LES TÂCHES QUOTIDIENNES

ÉCLAIRAGE

La première chose que l'on a envie de faire le matin est d'allumer l'éclairage de l'aquarium pour regarder les poissons. Or, ces animaux n'ont pas de paupières et il peut être stressant pour eux de passer sans transition de l'obscurité totale à la lumière vive. Allumez d'abord la lumière de la pièce pour que leurs yeux s'habituent. Le soir, n'oubliez pas d'éteindre avant de vous coucher.

VÉRIFICATIONS

Observez attentivement l'aquarium pour voir si tout est en ordre. S'il y a une fuite, vous le verrez tout de suite. Vérifiez également les points suivants :

• Poissons morts. Regardez en surface pour les espèces vivant en haut du bac, au fond pour celles vivant en bas, dans les roches et les plantes, et vérifiez si aucun cadavre ne flotte dans le courant. Il est rare que des poissons meurent (ou il y a un problème), mais il faut toujours vérifier, car les cadavres en décomposition polluent le bac et répandent des maladies.

• Comptez les poissons. Un poisson peut être caché ou avoir été mangé par un autre ou avoir sauté hors du bac!

• Température de l'eau. Est-elle correcte? Le chauffage fonctionne-t-il?

• Comportement. Un poisson cherche-t-il de l'air

Tétra cardinal

ou est-il dans une position anormale?
Lorsque vous allumez, les poissons sont
ensommeillés : s'ils sont toujours léthargiques
quelques minutes plus tard, observez-les de près.

• Un poisson présente-t-il des signes de maladies :
points blancs, duvet, enduit collant ?

• Les filtres fonctionnent-ils correctement? Les diffuseurs produisent-
ils des bulles ? Ces dispositifs sont vitaux pour les habitants de votre
aquarium et doivent être vérifiés tous les jours.

Si cela paraît beaucoup de travail, toutes ces vérifications ne prennent
en réalité que quelques très courtes minutes. De toute façon, vous
regardez bien votre aquarium tous les jours, n'est-ce pas?

NOURRISSAGE

Le nourrissage deux fois par jour fait partie de ces tâches quotidiennes
et ne prend qu'une ou deux minutes. Il est amusant de regarder les
poissons manger. Assurez-vous que tous se nourrissent bien : cela
permet, si tel n'est pas le cas, de repérer un début de maladie.
N'oubliez pas de refermer le couvercle du bac pour qu'aucun poisson
ne saute hors de l'eau.

AUTRES TÂCHES

Si vous mettez en route un nouvel aquarium, n'oubliez pas d'effectuer
un test d'ammoniaque et de nitrites par jour. Un test par semaine
suffira une fois le cycle de l'azote achevé, et un toutes les deux
semaines lorsque vous serez sûr que la qualité de l'eau est stable.

Loche naine

Tétra empereur

L'ENTRETIEN DU MATÉRIEL

Si l'équipement de votre aquarium ne fonctionne pas correctement, vos poissons risquent de mourir.

Le plus gros investissement pour un aquariophile est le matériel. Si vous en prenez soin régulièrement, il durera longtemps et son entretien sera moindre.

FILTRE EXTÉRIEUR

Les marques de filtres et les types de masses filtrantes sont trop nombreux pour les énumérer tous. Suivez les instructions du fabricant. Les filtres extérieurs ont des masses filtrantes qui sont renouvelables : remplacez-les une fois par mois. Si le filtre se bloque avant, remplacez les masses filtrantes plus tôt ou essayez de les nettoyer pour qu'elles finissent le mois. Pour les filtres munis d'une éponge, vous pouvez rincer celle-ci et la réutiliser à l'infini. Remplacez le charbon actif une fois par mois, quel que soit son aspect : on ne peut voir à l'œil nu si le charbon est saturé. De temps en temps, ôtez l'hélice du filtre et nettoyez-la à l'aide d'une brosse ou d'un coton-tige.

FILTRE SOUS GRAVIER

Le gravier est la masse filtrante de ce filtre. À chaque changement d'eau partiel, siphonnez les saletés du gravier (voir pages 43 et 48).

FILTRE MONOBLOC

La plupart des filtres monoblocs fonctionnent avec plusieurs types de masses filtrantes. Comme toujours, remplacez chaque mois le charbon actif ou le média chimique. Les éponges, les «nouilles» en céramique et la lave concassée se rincent et se réutilisent indéfiniment. Les cartouches et certains types de média en polyester peuvent être rincés et réutilisés plusieurs fois mais, à terme, devront être remplacés lorsqu'ils seront très encrassés. Achetez les masses filtrantes recommandées par le fabricant et suivez bien les instructions.

POMPE À AIR

Si votre modèle est muni d'un filtre en feutre, celui-ci doit être remplacé une ou deux fois par an. Nettoyez les répartiteurs bouchés à l'aide d'un trombone. Les diffuseurs génèrent une contre-pression qui peut fendre le diaphragme de la pompe : il faut les changer tous les trois à six mois pour prolonger la durée de vie de la pompe. Le cas échéant, les animaleries vendent des diaphragmes de rechange.

ÉCLAIRAGE

Les tubes fluorescents fonctionnent trois ans, mais ils perdent de l'intensité au fil du temps. Il vaut mieux les remplacer une fois par an, en même temps que le starter. Remplacez les lampes incandescentes grillées.

CHAUFFE-EAU

Vérifiez souvent que de l'eau n'a pas pénétré dans le chauffe-eau.

Les minéraux dissous dans l'eau peuvent se fixer sur le matériel. Nettoyez régulièrement toutes les surfaces pour empêcher cette accumulation.

NETTOYER L'AQUARIUM

La raclette magnétique permet de nettoyer les vitres intérieures sans se mouiller.

NETTOYER LES VITRES

Pour nettoyer des vitres, rien ne vaut l'eau pure et le papier absorbant. Pour l'extérieur seulement, vous pouvez employer du produit pour les vitres. Pour l'intérieur, c'est exclu : ce produit est toxique pour les poissons et ne doit surtout pas pénétrer dans l'aquarium, sous peine d'entraîner leur mort.

Les magasins d'aquariophilie proposent une vaste gamme de raclettes et de grattoirs pour ôter les algues des vitres intérieures. Un appareil simple suffira. Bien entendu, il faudra vous mouiller les mains, mais la raclette toute simple est plus facile à manœuvrer et va dans les angles. Parfois, l'emploi d'une raclette à long manche se justifie. Enfin, les raclettes magnétiques se composent de deux pièces : l'une, grattante, va à l'intérieur du bac, tandis que l'autre, magnétique, permet d'actionner la première de l'extérieur, sans se mouiller.

Pour les bacs en acrylique, n'utilisez que des raclettes souples pour ne pas rayer les vitres. Et n'employez jamais d'éponges à vaisselle : elles sont imprégnées de produits toxiques pour les poissons.

NETTOYER LE GRAVIER

Heureusement, vous n'avez pas besoin d'enlever le gravier de l'aquarium pour le nettoyer. Utilisez à cet effet un siphon pour gravier. Achetez le modèle ressemblant à un tuyau à siphon modifié et non celui muni d'une poire, ou un aspirateur à pile qui recycle l'eau à travers un sac. Le siphon pour gravier prélève les déchets en profondeur et siphonne l'eau sale lorsque vous effectuez un changement d'eau partiel.

NETTOYER LES DÉCORATIONS

Les décorations à surface lisse peuvent être nettoyées à l'aide d'une raclette. Si la surface est trop irrégulière, vous pouvez laisser tremper le décor dix à trente minutes dans une solution de 25 centilitres d'eau de Javel pour un seau d'eau. Cela doit suffire pour tuer les algues. L'eau de Javel est mortelle pour les poissons : rincez bien les décors et faites les tremper dans de l'eau pure avant de les remettre dans l'aquarium. Attention ! L'eau de Javel peut décolorer certains éléments.

AUTRES NETTOYAGES

Lorsque c'est nécessaire, nettoyez le couvercle, les filtres et le chauffe-eau à l'aide d'un chiffon humide. Grattez les dépôts calcaires à la brosse à dents avec un peu de vinaigre, sans en verser dans le bac.

Tout le matériel de nettoyage – seau, éponges et brosses – doit être exclusivement réservé aux poissons. Tout contact avec des produits chimiques ménagers est mortel pour eux.

L'AGRESSIVITÉ DANS L'AQUARIUM

Vous avez acheté des espèces compatibles et votre bac n'est pas surpeuplé. Vous avez veillé au régime alimentaire spécifique à chaque espèce et à ses besoins en matière d'habitat. Vous avez tout fait dans les règles de l'art. Et pourtant…

Les poissons se battent pour de nombreuses raisons : protéger leur territoire ou leurs femelles, écarter des rivaux, mais aussi attraper la nourriture. Ces combats font partie de la vie quotidienne et la plupart d'entre eux sont sans gravité. Mais des accidents peuvent se produire.

SIGNAUX D'ALERTE

Lorsque deux poissons essaient de s'arracher mutuellement leurs écailles, il y a un problème. Mais vous ne serez pas toujours là pour voir le combat. Surveillez les indices suivants :
• Nageoires déchirées : les nageoires en lambeaux sont le résultat d'une agression. Simplement fendues, elles guérissent d'elles-mêmes. Mais si des morceaux manquent, il faut généralement agir (voir page ci-contre).
• Blessures : les petites marques rouges guérissent toutes seules mais les plaies sanguinolentes doivent être soignées.
• Mâchoires coincées : de nombreuses espèces se battent avec leur bouche. Si des poissons ont les lèvres abîmées et le visage égratigné, le combat a été violent. Néanmoins, les simulacres de combat font partie du comportement de reproduction chez certaines espèces. Et les gouramis embrasseurs s'embrassent pour délimiter leur territoire.

Apprenez à connaître vos poissons et à reconnaître le comportement normal de chaque espèce. Les symptômes qui suivent peuvent indiquer une agression qui n'est pas visible :
• **Perte d'appétit :** lorsqu'un poisson écarte un autre de la nourriture, la victime peut renoncer totalement à manger.
• **Retrait :** un poisson brutalisé cherche à se cacher. En règle générale, il présente aussi des dommages physiques.

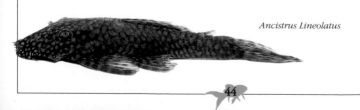

Ancistrus Lineolatus

Mettez le poisson agresseur dans un bac de quarantaine, plutôt que sa victime.
Si vous enlevez la victime, il en choisira une autre.

RÉAGIR

Lorsqu'on voit deux poissons se battre, on songe immédiatement à les séparer. Laissez-leur d'abord le temps de délimiter leur territoire et, si les choses tournent mal, tapoter sur la vitre ou plonger l'épuisette dans le bac peut suffire à distraire leur attention.

Si un poisson présente des lésions ou des signes manifestes d'agression, il vous faudra peut-être prendre des mesures :
• Isolez l'agresseur dans un autre aquarium ou dans un pondoir.
• Si les blessures de la victime sont mineures, laissez-la guérir dans l'aquarium. Toutefois, d'autres poissons risquent de grignoter les lésions : dans ce cas, il est nécessaire d'isoler le blessé dans un pondoir jusqu'à complète guérison.
• Placez les individus gravement atteints dans un aquarium de quarantaine pour les traiter et empêcher les infections de se propager.

ÉLARGIR LA COMMUNAUTÉ

Soyez patient et attendez la disparition des nitrites pour ajouter d'autres poissons.

INTRODUIRE DES POISSONS DANS UN NOUVEL AQUARIUM

N'oubliez pas que la première introduction de poissons dans un nouvel aquarium ne doit se faire qu'après la disparition totale de l'ammoniaque et des nitrites. L'étape suivante consiste à ajouter progressivement d'autres poissons en ne dépassant pas 2,5 cm de poissons pour 4 litres d'eau.

INTRODUIRE DES POISSONS DANS UN AQUARIUM ÉTABLI

S'ils sont bien soignés, vos poissons vivront des années. Mais il peut arriver que vous deviez en remplacer un ou que vous ayez envie d'en ajouter un nouveau. Comme il a été dit page 30, vous devez bien protéger les nouveaux venus contre les écarts de température sur le chemin de la maison. Puis laissez les sacs flotter pendant 20 minutes à la surface de l'eau pour que la température du sac passe à la même que celle de l'aquarium.

Un nouvel arrivant est un intrus pour les autres poissons. Les habitants du bac ont déjà délimité leur territoire et peuvent s'en prendre à lui. Avant d'introduire un nouveau poisson dans un aquarium déjà peuplé, prenez les précautions suivantes :

Les nouveaux arrivants seront l'objet de toutes les curiosités, mais aussi d'agressions.

• Nourrissez les poissons peuplant déjà l'aquarium. S'ils ont l'estomac plein, ils seront moins tentés de mordiller les nouveaux venus.
• Si vous avez des poissons agressifs ou très territoriaux, il peut être judicieux de réorganiser les décorations avant d'introduire les nouveaux sujets. Cela oblige les poissons résidents à se disputer à nouveau le territoire, comme les derniers arrivés. Ainsi, il n'y a plus de territoire réservé et tous se retrouvent à égalité.
• Ajoutez une nouvelle décoration. Un nouveau rocher ou une plante fournissent des cachettes supplémentaires.

QUARANTAINE

Il est par ailleurs possible de prévoir un petit bac de quarantaine pour isoler les nouveaux poissons avant de les introduire dans l'aquarium établi. De plus, un isolement de deux semaines empêchera l'introduction de maladies dans votre aquarium.

LES CHANGEMENTS D'EAU PARTIELS

Toutes les deux semaines, il faut changer 25 % de l'eau de votre aquarium. C'est sans doute la tâche la plus importante que vous ayez à effectuer pour vos poissons. Ceux-ci vivent dans leurs déchets : une partie est évacuée par le filtre, mais le reste est dissous dans l'eau du bac. De plus, les processus biologiques éliminent de l'eau certains minéraux nécessaires. Les changements d'eau partiels permettent d'ôter les déchets dissous et de remplacer les oligoéléments.

SIPHON POUR GRAVIER

Un siphon pour gravier est un simple tuyau muni d'un embout rigide en forme de cloche. C'est lui qui assure les changements d'eau partiels en aspirant les impuretés du fond du bac.

Pour faire fonctionner le siphon, placez-le entièrement sous l'eau. Laissez l'air sortir du tuyau, puis obturez l'extrémité fine de ce dernier avec le pouce. Maintenez l'extrémité large sous l'eau, sortez l'extrémité fine de l'aquarium et placez-la dans un seau posé sur le sol. Enlevez votre pouce. L'eau va couler dans le seau.

Pendant que l'eau s'écoule dans le seau, plongez un instant l'extrémité large du siphon dans le lit de gravier, puis sortez-la. Le flux d'eau sera suffisamment puissant pour rincer tous les déchets présents dans le gravier et les transvaser dans le seau. Toutefois, il n'est pas assez puissant pour aspirer le gravier, plus lourd, qui retombera au fond de l'aquarium. Continuez à «planter» le tuyau dans le gravier pour nettoyer les différentes zones. Avec un peu de pratique, vous parviendrez à nettoyer tout le fond de l'aquarium tout en ôtant 25 % de l'eau pour votre changement d'eau partiel.

Videz l'eau sale du seau et rincez celui-ci avec soin. Remplissez-le d'eau du robinet déchlorée ayant la même température que celle de l'aquarium.

DISPOSITIFS DE NETTOYAGE ET DE REMPLISSAGE

Une variante du siphon pour gravier se raccorde au robinet de l'évier ou du lavabo à l'aide d'un long tuyau. C'est la pression de l'eau du robinet qui actionne l'appareil et aspire les déchets et l'eau sale, qu'il propulse vers la bonde de l'évier. Ensuite, il suffit de tourner un bouton et d'utiliser le même tuyau pour remplir l'aquarium. Avec ce dispositif, le seau est inutile.

Grâce au siphon pour gravier, vous nettoyez le fond de l'aquarium et, en même temps, vous renouvelez l'eau.

Lorsque vous remplissez l'aquarium, versez l'eau sur une assiette pour que l'afflux ne perturbe pas les poissons, les plantes et le gravier.

LES TESTS DE L'EAU

Si la plupart des poissons apprécient un pH neutre, certaines espèces comme les cichlidés aiment l'eau alcaline. Demandez conseil au vendeur.

La qualité de l'eau est vitale pour les poissons. Mais il est impossible de juger cette qualité à l'œil nu. Ce n'est pas parce qu'elle est limpide qu'elle est bonne pour vos poissons. La seule façon de connaître la qualité d'une eau est de réaliser des tests. Vous devez avoir en permanence les trois kits de tests décrits ci-dessous et les utiliser régulièrement.

TEST DE pH

Le pH se mesure selon une échelle de 0 à 14. Un pH de 7 est neutre et convient à la majorité des poissons. Un pH inférieur à 7 est acide, et supérieur à 7 est alcalin. Plus le pH est faible, plus l'eau est acide. Plus il est élevé, plus l'eau est alcaline. Un pH situé entre 6,8 et 7,4 convient à la plupart des poissons. À mesure que l'eau se salit, le pH tend à baisser : le changement d'eau partiel permet de le maintenir à un niveau acceptable.

TEST D'AMMONIAQUE

Le test d'ammoniaque est très important la première semaine après l'introduction des poissons car ceux-ci excrètent de l'ammoniaque. Dans un aquarium établi, des bactéries utiles le neutralisent, mais, avant que celles-ci ne soient établies, il peut provisoirement s'élever à des niveaux mortels pour les poissons. Le seul taux acceptable est zéro. L'ammoniaque est plus toxique en eau alcaline qu'acide.

TEST DE NITRITES

Ce test est tout aussi important pour un nouvel aquarium. Les bactéries convertissent l'ammoniaque toxique en nitrites moins toxiques. Puis un autre groupe de bactéries neutralise les nitrites en les transformant en nitrates inoffensifs. Les nitrites doivent être indécelables.

TESTS FACULTATIFS

La qualité de l'eau du robinet varie d'une région à l'autre et doit subir d'autres tests. Demandez conseil au vendeur de votre animalerie.

- **Nitrates :** ils ne sont toxiques qu'à taux très élevé. Un haut niveau de nitrates révèle un bac surpeuplé ou des changements d'eau insuffisants. En région agricole, les nappes phréatiques contiennent souvent des nitrates issus des engrais.

- **Dureté totale (TH) :** le calcium et le magnésium dissous contribuent principalement à la dureté de l'eau. Testez votre eau.

- **Dureté carbonatée (TAC) :** les tests permettent de mesurer les substances affectant la capacité tampon, qui permet à l'eau de résister aux modifications du pH.

Testez l'eau tous les jours pendant le démarrage de l'aquarium et toutes les deux semaines une fois que l'aquarium est établi.

LES PROBLÈMES

CORRECTION DU pH

Vous pouvez devoir corriger le pH de
l'eau du robinet pour qu'elle convienne
aux poissons. Les produits vendus dans les
animaleries sont à base de bicarbonate de
soude pour élever le pH et de biphosphate de soude
pour l'abaisser. Chaque modification de un point du pH correspond à
un changement d'acidité ou d'alcalinité dix fois plus élevé. Corrigez
donc le pH progressivement, soit un point maximum par jour.

Discus brun

La quantité de produits chimiques nécessaire varie énormément en
fonction de la teneur en minéraux de votre eau de distribution.
Commencez toujours par une quantité de produit moindre et
augmentez la dose pour corriger. Si votre eau présente une dureté
totale (TH) ou une dureté carbonatée (TAC) élevées, il peut être
difficile de corriger le pH.

N'oubliez pas qu'un pH de 6,8 à 7,4 convient à presque tous
les poissons. Mais l'accumulation des déchets fait baisser le
pH avec le temps : pour y remédier, ayez recours au
changement d'eau partiel et non aux produits chimiques.

*Il ne faut pas essayer d'atteindre un pH
« parfait ». S'il est dans la bonne fourchette,
les poissons vont s'adapter.*

PROBLÈMES D'AMMONIAQUE

Normalement, l'ammoniaque
ne doit être décelable que
dans les bacs nouvellement
installés, dont le cycle de
l'azote n'est pas achevé.
Il n'y a absolument rien
à faire : si les poissons
ont l'air de bien se porter et
qu'aucun ne meurt, laissez les bactéries se développer et le problème
se régler naturellement. Si les poissons montrent des signes de stress
ou meurent, voici ce qu'il faut faire :

Poisson rouge comète

• Effectuez un changement d'eau partiel pour diluer l'ammoniaque.

• Ajoutez des zéolithes dans votre filtre.

• Ajoutez un produit contenant des bactéries dormantes, en vente
dans la plupart des animaleries.

Un taux d'ammoniaque décelable dans un aquarium établi indique
une surpopulation, une suralimentation ou un dysfonctionnement de
la filtration biologique. Améliorez vos pratiques aquariophiles !

PROBLÈMES DE NITRITES

Comme l'ammoniaque, les nitrites ne doivent être décelables que dans
un aquarium nouvellement établi, en phase terminale du cycle de
l'azote. Si le taux de nitrites est élevé mais que les poissons semblent
bien se porter, attendez simplement que les bactéries y remédient
naturellement. S'il est élevé et que les poissons souffrent
manifestement de stress, voici ce qu'il faut faire :

• Effectuez un changement d'eau partiel pour diluer les nitrites.

• Ajoutez dans l'aquarium une cuillerée à café de sel pour 4 litres
d'eau. Cela n'élimine pas les nitrites mais neutralise leur toxicité.
Cette infime dose de sel n'affectera aucune espèce de poissons.

LA SANTÉ

SIGNES DE SANTÉ

• Un poisson en bonne santé a les nageoires déployées. Celles-ci ne doivent pas être déchirées.

• Les yeux doivent être clairs et intacts.

• Le poids doit être équilibré. Un poisson ne doit pas être maigre.

• Les couleurs vives sont un signe de bonne santé. Le corps ne doit présenter aucune décoloration.

• Achetez des poissons actifs et curieux, sans oublier qu'un comportement sédentaire est normal chez certaines espèces comme le pléco.

Tétra de Rio

SIGNES DE MALADIE

• Des traces sanguinolentes ou visqueuses indiquent une infection.

• Des nageoires collées indiquent un stress. (Mais n'oubliez pas toutefois que c'est normal chez certaines espèces comme le pléco).

• Des nageoires déchiquetées sont dues à des morsures ou une infection. Déchiquetées et bordées de gris, elles indiquent une infection.

• Des yeux vitreux signale une maladie ou une eau de mauvaise qualité.

• Un poisson habituellement actif qui se cache est mauvais signe.

• Un ventre amaigri ou gonflé indique qu'il y a un problème.

• Des points blancs sont signe d'une infection appelée ichthyo.

• Une respiration rapide indique la présence de parasites dans les ouïes ou une eau de mauvaise qualité.

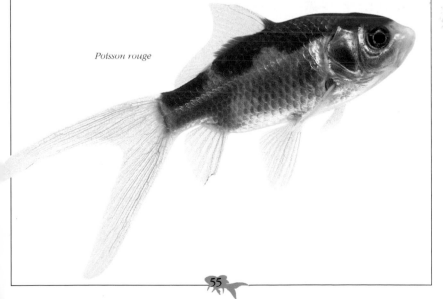

Poisson rouge

LES PREMIERS SOINS

Les maladies sont dues à des protozoaires,
des bactéries, des champignons, ou des virus.
Les infections virales sont presque inguérissables.

Poisson rouge comète

• Ichthyophthirius (ichthyo) : ce protozoaire forme des points blancs
de la taille d'un grain de sel sur le corps ou les nageoires.

• Pourriture des nageoires : des bordures de nageoire déchirées et
décomposées indiquent une pourriture. Les rayons peuvent être encore
présents, mais les tissus intermédiaires se sont décomposés. En principe
d'origine bactérienne, la pourriture peut être due à un protozoaire.

• Pourriture de la bouche : il s'agit d'une infection bactérienne se
manifestant par un duvet cotonneux sur la bouche. En cas d'infection
secondaire due à un protozoaire, il faut un traitement supplémentaire.

• Pourriture du corps : les plaies ouvertes, les lésions sanguinolentes
et une décoloration dénotent des infections du tissu corporel. Dans la
plupart des cas, elles sont bactériennes mais des infections avancées
dues à des protozoaires ou des virus provoquent les mêmes symptômes.

• Mycobactériose (ou maladie de la mousse buccale) : cette affection est
due à une bactérie et
non à un
champignon. Les
champignons
attaquent les tissus
morts. La mycobacté-
riose forme des touffes
blanches sur les
poissons morts ou la
nourriture décomposée,

*Isoler dans un bac de
quarantaine un poisson atteint
de mycose empêche que les
autres poissons ne viennent
aggraver les plaies en les
grignotant.*

Distichodus rayé

ou infecte les tissus morts autour des
plaies des poissons vivants.

TRAITEMENT DES MALADIES
Employez le traitement approprié pour le
type d'infection que votre poisson a contracté
selon vous. Demandez à votre animalerie les produits
recommandés. Et n'oubliez pas d'enlever le charbon actif des filtres
pendant le traitement.

• Infections dues à des protozoaires : traitez ces infections au vert
malachite, associé ou non avec du formol. Dans le cas de l'ichthyo, ce
traitement ne tue pas les parasites fixés sur l'hôte : il n'est efficace que
lorsqu'ils le quittent pour se multiplier. Il faut donc traiter chaque jour
l'ensemble de l'aquarium jusqu'à ce que tous les points blancs du
poisson aient disparu, puis un ou deux jours supplémentaires pour
tuer les parasites pendant leur nage libre dans l'eau.

• Infections bactériennes : employez un bon antibiotique. Si un seul
poisson est atteint, traitez-le dans un bac de quarantaine pendant cinq
jours. Si vous ne constatez aucune amélioration au bout de trois jours,
changez d'antibiotique.

• Mycoses véritables : le chlorure de sodium et le bleu de méthylène
sont généralement efficaces. Par ailleurs, pêchez à l'épuisette le
poisson atteint et soignez la plaie au Mercurochrome.

LES ANTIBIOTIQUES POUR POISSONS

Peu importent les marques : seuls les principes actifs sont intéressants.
Les principes suivants donnent de bons résultats :
• Sulfamides : sulfaméthazine, sulfamérazine, sulfathiazole et autres
• Furanoïdes : furazolidone, nitrofurazone, nifurpurinol et autres
• Kanamycine
• Minocycline

Évitez les antibiotiques suivants, qui sont relativement inefficaces en
aquarium :
• Pénicilline
• Érythromycine

VOTRE POISSON A BESOIN DE VOUS

Les poissons n'ayant ni bras ni jambes ni plumes, beaucoup de gens ne les considèrent pas comme des animaux domestiques. Malgré tout, vous vous apercevrez rapidement que vos poissons ont un charme et une personnalité qui leur sont propres.

Les poissons ne mettront pas longtemps à apprendre à vous reconnaître. Bientôt, chaque fois que vous vous approcherez de l'aquarium, ils viendront s'agglutiner contre la vitre. Vous allez devenir pour eux la main nourricière qui fait tomber leur repas au-dessus de leur tête. Vos poissons seront toujours heureux de vous voir. Vous pourrez même leur apprendre à attraper la nourriture entre vos doigts. Certains poissons, comme les oscars, peuvent sortir complètement la tête de l'eau pour manger dans la main.

Si l'on ne peut pas câliner ses poissons dans ses bras, certains gros poissons semblent apprécier les caresses lorsqu'ils viennent chercher leur nourriture : caressez-les très doucement pour ne pas ôter la couche de mucus qui les protège.

De nombreux aquariophiles aiment faire reproduire leurs poissons. Élever les petits est très amusant et observer un couple de scalaires conduire des centaines de bébés est un spectacle extraordinaire.

Enfin, observer un aquarium élimine toutes les tensions. C'est un grand moment de détente, récompense suprême de l'aquariophile.

CE N'EST PAS UNE QUESTION D'ARGENT

Si vous ne nourrissez pas vos poissons ou ne changez pas leur eau, ils mourront. Si vous peuplez trop votre aquarium, associez des espèces incompatibles ou n'entretenez pas le matériel, ils ne survivront pas longtemps. Si vous n'êtes pas prêt à remplir ces tâches, l'aquariophilie n'est pas pour vous.

Si un petit poisson ne coûte pas cher, ne le considérez pas pour autant comme un gadget. N'oubliez pas que ce que vous pouvez mesurer en argent se mesure en souffrance pour un poisson.

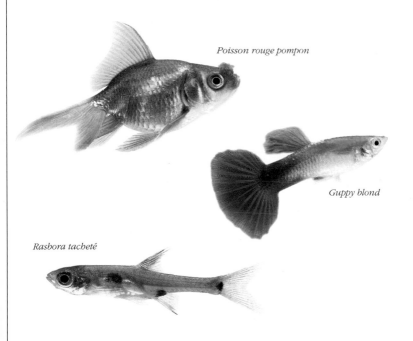

Poisson rouge pompon

Guppy blond

Rasbora tacheté

EN SAVOIR PLUS

LIVRES

Abc de l'aquarium pour tous,
Claude Vast, De Vecchi

L'Aquarium d'eau douce, Hervé
Chaumeton, Proxima

*Bien vivre avec son poisson
d'aquarium,* Claude Vast,
De Vecchi

*La Grande Encyclopédie des
poissons d'aquarium,* Ivan
Petrovicky, Libuse Knotek,
Jaromir Knotek, Gründ

*Le Guide des poissons
d'aquarium,* Patrice Michely,
Sélection du Reader's Digest

J'élève mes poissons, Françoise
Rose, Hachette-Jeunesse

Le Livre de bord de l'aquarium,
Michel Tassigny, Marabout

Le manuel de l'aquariophilie,
G. Sandford, Éd. Michel Quintin

*Le nouveau manuel de
l'aquarium,* Thierry Maître-Alain,
Solar

Les Poissons d'aquarium,
Alain Breitenstein, Pascal
Sérusier, Hervé Chaumeton,
Solar

Poissons d'aquarium, Brenor,
Bornemann

Poissons d'aquarium,
M. P. Piednoir, C. Piednoir, Solar

Poissons d'aquarium, Patrice
Louisy, Milan

Les poissons rouges, P. M. Bianchi,
A. Sperotti, De Vecchi

Techniguide de l'aquariophile,
Jacques Teton, Nathan

Vos poissons d'aquarium, Gireg
Allain, Philippe Burnel, Éric
Cusimano, Franck Delanoy,
Larousse

Vous et vos poissons d'aquarium,
Sonia Ganiel, Éd. de l'Homme

SITES INTERNET

www.aquaplaisir.com
Aqua Plaisir

www.aquarium-magazine.com
Aquarium Magazine

www.multimania.com/hilario
Aquariophilie facile

www.multimania.com/rougepoisson
Le Poisson Rouge

www.animostar.com
Le web des animaux

www.animorama.com
Le site des animaux de compagnie

www.cyberaqua.free.fr
Association Cyber Aqua

À PROPOS DE L'ÉDITEUR

Fondées au Québec en 1982, les Éditions Michel Quintin occupent une place prépondérante dans la publication d'ouvrages de vulgarisation scientifique sur les animaux, la nature et l'environnement. Au fil des ans, des prix prestigieux, nationaux et étrangers, sont venus souligner le travail de l'éditeur et de son équipe de spécialistes.

INDEX

Discus vert

ÉDITIONS
MICHEL
QUINTIN

Titre original de cet ouvrage
What your fish needs

Traduction-adaptation
Annick de Scriba

Réalisation
Bookmaker, Paris

Consultant
Gireg Allain

Mise en pages
Jean-Claude Marguerite

© 2000, Dorling Kindersley Publishing, Inc. pour l'édition originale
© 2001, Éditions Solar, Paris, pour la version française
© 2001, Éditions Michel Quintin, pour l'édition française au Canada

Crédits photos : Paul Bricknell, Mike Dunning, Max Gibbs, Dave King, Jerry Young

ISBN : 2-89435-170-4
Dépôt légal : septembre 2001

Imprimé à Hong Kong

Éditions Michel Quintin
C.P. 340, Waterloo, Québec
Canada J0E 2N0
Tél. : (450) 539-3774
Téléc. : (450) 539-4905
Courriel : mquintin@sympatico.ca